DER ULTIMATIVE GUIDE

INHALTSVERZEICHNIS

DIE NFL-TEAMS

BALTIMORE RAVENS

Die BALTIMORE RAVENS wurden 1996 gegründet, nachdem die Cleveland Browns nach Baltimore verlegt wurden. Sie spielen ihre Heimspiele im M&T Bank Stadium. Die Ravens haben zweimal den Super Bowl gewonnen, 2001 und 2013.

Das MASKOTTCHEN der Ravens ist Poe, ein Rabe, der nach dem berühmten Schriftsteller Edgar Allan Poe benannt ist, der in Baltimore lebte.

Die TEAMFARBEN sind Lila, Schwarz und Gold.

Die Ravens sind bekannt für ihre starke Verteidigung und haben eine leidenschaftliche Fangemeinde in Baltimore.

CINCINNATI BENGALS

Die CINCINNATI BENGALS wurden 1968 gegründet und sind in Cincinnati, Ohio, ansässig. Ihre Heimspiele tragen sie im Paycor Stadium aus. Die Bengals haben drei AFC-Meisterschaften gewonnen, aber noch keinen Super Bowl-Titel errungen.

Das MASKOTTCHEN der Bengals ist „Who Dey", ein Bengal-Tiger.

Die TEAMFARBEN sind Schwarz, Orange und Weiß.

Die Bengals haben eine treue Fangemeinde und sind bekannt für ihre beeindruckenden Offensivleistungen und den talentierten Quarterback Joe Burrow.

CLEVELAND BROWNS

Die CLEVELAND BROWNS wurden 1946 gegründet und sind in Cleveland, Ohio, beheimatet. Sie spielen ihre Heimspiele im Cleveland Browns Stadium. Die Browns haben acht Meisterschaften gewonnen, bevor der Super Bowl eingeführt wurde, aber sie haben noch keinen Super Bowl gewonnen.

Das MASKOTTCHEN der Browns ist „Chomps", ein Hund, sowie „Brownie the Elf".

Die TEAMFARBEN sind Braun, Orange und Weiß.

Die Browns haben eine treue Fangemeinde und sind bekannt für ihre historische Bedeutung in der NFL.

PITTSBURGH STEELERS

Die PITTSBURGH STEELERS wurden 1933 gegründet und sind in Pittsburgh, Pennsylvania, ansässig. Ihre Heimspiele finden im Acrisure Stadium statt. Sie haben sechs Super Bowl-Titel gewonnen und sind bekannt für ihre „Steel Curtain“-Verteidigung der 1970er Jahre.

Das MASKOTTCHEN der Steelers ist „Steely McBeam“, ein Stahlarbeiter.

Die TEAMFARBEN sind Schwarz und Gold.

Die Steelers haben eine der treuesten Fanbasen in der NFL, bekannt als „Steeler Nation“, und sie sind für ihre harte und physische Spielweise bekannt.

BUFFALO BILLS

Die BUFFALO BILLS wurden 1960 gegründet und sind in Buffalo, New York, beheimatet. Die Heimspiele finden im Highmark Stadium in Orchard Park statt. Das Team ist bekannt für seine vier aufeinanderfolgenden Super Bowl-Auftritte in den frühen 1990er Jahren, obwohl sie keinen dieser Titel gewinnen konnten.

Das MASKOTTCHEN der Bills ist Billy Buffalo, ein blau-weißer Büffel, der bei Heimspielen und Veranstaltungen für Unterhaltung sorgt.

Die TEAMFARBEN sind Königsblau, Rot und Weiß.

Das Team ist für seine leidenschaftliche Fanbasis, die „Bills Mafia“, bekannt.

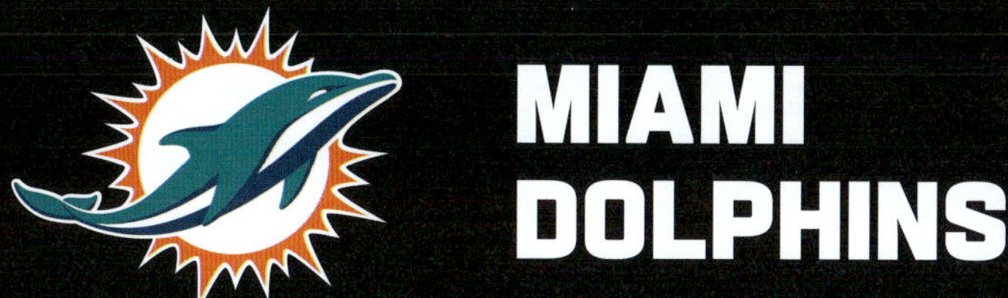

MIAMI DOLPHINS

Die MIAMI DOLPHINS wurden 1965 gegründet und sind in Miami, Florida, beheimatet. Ihre Heimspiele tragen sie im Hard Rock Stadium aus. Die Dolphins sind das einzige Team in der NFL-Geschichte, das eine perfekte Saison gespielt hat, nämlich 1972, als sie alle regulären Saisonspiele und die Playoffs inklusive des Super Bowl gewannen.

Das MASKOTTCHEN ist „T.D.", ein Delfin, der das Team bei Spielen unterstützt.

Die TEAMFARBEN sind Aqua, Orange, Blau und Weiß.

Die Dolphins haben eine leidenschaftliche Anhängerschaft in Südflorida.

NEW ENGLAND PATRIOTS

Die NEW ENGLAND PATRIOTS wurden 1959 gegründet und sind in Foxborough, Massachusetts, ansässig. Ihre Heimspiele finden im Gillette Stadium statt. Die Patriots haben in den letzten zwei Jahrzehnten große Erfolge gefeiert, darunter sechs Super Bowl-Siege, größtenteils unter der Führung von Quarterback Tom Brady.

Das MASKOTTCHEN der Patriots ist Pat Patriot, eine Figur im kolonialen Stil.

Die TEAMFARBEN sind Blau, Rot und Silber.

Die Patriots sind bekannt für ihre disziplinierte Spielweise und ihre treue Fangemeinde in der Region New England.

NEW YORK JETS

Die NEW YORK JETS wurden 1959 gegründet und sind in East Rutherford, New Jersey, beheimatet, wo sie ihre Heimspiele im MetLife Stadium austragen, das sie mit den New York Giants teilen. Die Jets gewannen ihren einzigen Super Bowl im Jahr 1969 unter der Führung von Quarterback Joe Namath.

Das inoffizielle MASKOTTCHEN der Jets ist „Fireman Ed", ein leidenschaftlicher Fan, der die Menge anfeuert. Oft ist auf der Fan-Bekleidung ein Jet zu sehen.

Die TEAMFARBEN sind Grün und Weiß.

Die Jets haben eine engagierte Fanbasis und hoffen, nach Jahren des Wiederaufbaus wieder an die Spitze der Liga zu gelangen.

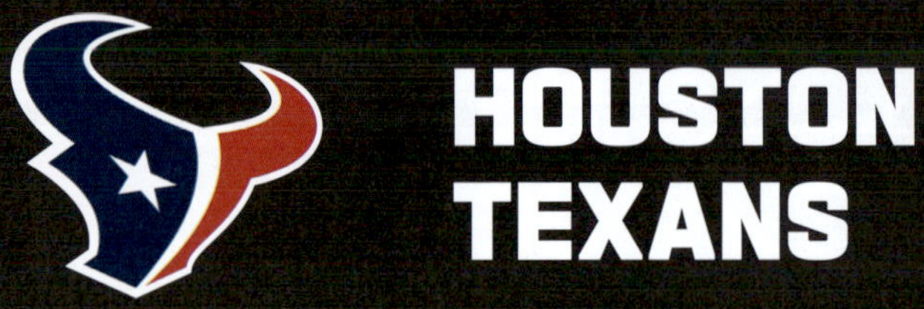

HOUSTON TEXANS

Die HOUSTON TEXANS wurden 2002 gegründet und sind das jüngste Team in der NFL. Sie spielen ihre Heimspiele im NRG Stadium in Houston, Texas. Obwohl sie noch keinen Super Bowl erreicht haben, haben die Texans mehrere Divisionstitel gewonnen.

Das MASKOTTCHEN der Texans ist „Toro“, ein Stier.

Die TEAMFARBEN sind Blau, Rot und Weiß.

Die Texans haben eine wachsende Fangemeinde und sind bestrebt, eine konstante Kraft in der NFL zu werden.

INDIANAPOLIS COLTS

Die INDIANAPOLIS COLTS wurden 1953 gegründet und sind seit 1984 in Indianapolis, Indiana, beheimatet, nachdem sie von Baltimore umgezogen sind. Ihre Heimspiele finden im Lucas Oil Stadium statt. Die Colts haben zwei Super Bowl-Titel gewonnen, 1971 und 2007.

Das MASKOTTCHEN der Colts ist „Blue“, ein blaues Pferd.

Die TEAMFARBEN sind Blau und Weiß.

Die Colts sind bekannt für ihre starke Quarterback-Geschichte mit Spielern wie Johnny Unitas und Peyton Manning und haben eine treue Fanbasis.

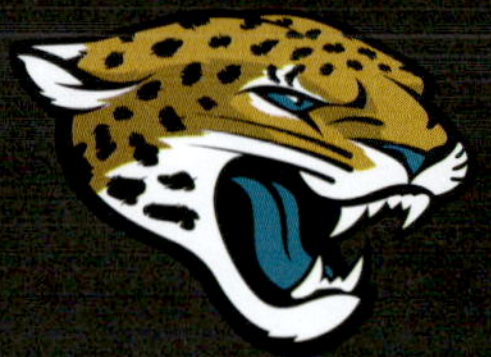

JACKSONVILLE JAGUARS

Die JACKSONVILLE JAGUARS wurden 1993 gegründet und sind in Jacksonville, Florida, ansässig. Sie spielen ihre Heimspiele im TIAA Bank Field, das im September 2023 in EverBank Stadium umbenannt wurde. Obwohl sie noch keinen Super Bowl gewonnen haben, haben die Jaguars mehrere Playoff-Auftritte und eine AFC-Meisterschaft vorzuweisen.

Das MASKOTTCHEN der Jaguars ist „Jaxson de Ville", ein Jaguar.

Die TEAMFARBEN sind Schwarz, Aquamarin, Weiß und Gold.

Die Jaguars haben eine engagierte Fangemeinde und sind bestrebt, sich als starke Kraft in der NFL zu etablieren.

TENNESSEE TITANS

Die TENNESSEE TITANS wurden 1960 als Houston Oilers gegründet und zogen 1997 nach Tennessee. Ihre Heimspiele tragen sie im Nissan Stadium in Nashville aus. Die Titans haben eine AFC-Meisterschaft gewonnen und erreichten den Super Bowl im Jahr 2000.

Das MASKOTTCHEN der der Titans ist „T-Rac“, ein Waschbär.

Die TEAMFARBEN sind Navy, Titanblau und Weiß.

Die Titans sind bekannt für ihre starke Laufspiel-Philosophie und haben eine leidenschaftliche Fanbasis in Tennessee.

DENVER BRONCOS

Die DENVER BRONCOS wurden 1960 gegründet und sind in Denver, Colorado, beheimatet. Ihre Heimspiele finden im Empower Field at Mile High statt. Die Broncos haben drei Super Bowl-Titel gewonnen, zuletzt 2016.

Das MASKOTTCHEN der Broncos ist „Miles“, ein weißes Pferd.

Die TEAMFARBEN sind Orange, Marineblau und Weiß.

Die Broncos sind bekannt für ihre „Orange Crush“-Verteidigung und haben eine treue Fanbasis, die bei

KANSAS CITY CHIEFS

Die KANSAS CITY CHIEFS wurden 1960 gegründet und sind in Kansas City, Missouri, ansässig. Ihre Heimspiele tragen sie im Arrowhead Stadium aus, das für seine lauten Fans bekannt ist. Die Chiefs haben vier Super Bowl-Titel gewonnen, darunter 2023 und 2024.

Das MASKOTTCHEN der Chiefs ist „KC Wolf", ein grauer Wolf.

Die TEAMFARBEN sind Rot, Gold und Weiß.

Die Chiefs haben eine der leidenschaftlichsten Fangemeinden in der NFL und sind bekannt für ihre explosive Offense um Quarterback Patrick Mahomes.

LAS VEGAS RAIDERS

Die LAS VEGAS RAIDERS wurden 1960 gegründet und sind 2020 nach Las Vegas, Nevada, umgezogen. Ihre Heimspiele finden im Allegiant Stadium statt. Die Raiders haben drei Super Bowl-Titel gewonnen und sind für ihre rebellische und wilde Vorgehensweise bekannt.

Das MASKOTTCHEN der Raiders ist „Raider Rusher", eine anthropomorphe Figur in Ritterrüstung.

Die TEAMFARBEN sind Schwarz und Silber.

Die Raiders haben eine treue und weitverbreitete Fanbasis, bekannt als „Raider Nation".

LOS ANGELES CHARGERS

Die LOS ANGELES CHARGERS wurden 1960 gegründet und sind seit 2017 in Los Angeles, Kalifornien, beheimatet. Ihre Heimspiele tragen sie im SoFi Stadium aus, das sie mit den Los Angeles Rams teilen. Die Chargers haben eine AFC-Meisterschaft gewonnen, aber noch keinen Super Bowl-Titel.

Das inoffizielle MASKOTTCHEN der Chargers ist „Boltman“, eine Blitzfigur.

Die TEAMFARBEN sind Marineblau, Gold und Weiß.

Die Chargers sind bekannt für ihre aufregenden Offensivspiele und haben eine wachsende Fangemeinde in Los Angeles.

CHICAGO BEARS

Die CHICAGO BEARS wurden 1919 gegründet und sind in Chicago, Illinois, beheimatet. Ihre Heimspiele tragen sie im Soldier Field aus. Die Bears haben neun Meisterschaften gewonnen, darunter einen Super Bowl-Titel im Jahr 1986.

Das MASKOTTCHEN der Bears ist „Staley Da Bear“, ein Bär.

Die TEAMFARBEN sind Marineblau, Orange und Weiß.

Die Bears haben eine der treuesten Fangemeinden in der NFL und sind bekannt für ihre starke Verteidigung und historische Rivalität mit den Green Bay Packers.

DETROIT LIONS

Die DETROIT LIONS wurden 1930 gegründet und sind in Detroit, Michigan, beheimatet. Ihre Heimspiele tragen sie im Ford Field aus. Die Lions haben vier Meisterschaften gewonnen, jedoch keinen Super Bowl-Titel.

Das MASKOTTCHEN der Lions ist „Roary“, ein Löwe.

Die TEAMFARBEN sind Honolulu-Blau, Silber und Weiß.

Die Lions haben eine leidenschaftliche Fanbasis und sind bekannt für ihre jährlichen Thanksgiving-Day-Spiele sowie ihre Bemühungen, wieder an die Spitze der Liga zu gelangen.

GREEN BAY PACKERS

Die GREEN BAY PACKERS wurden 1919 gegründet und sind in Green Bay, Wisconsin, ansässig. Ihre Heimspiele finden im Lambeau Field statt. Die Packers haben 13 Meisterschaften gewonnen, darunter vier Super Bowl-Titel.

Das inoffizielle MASKOTTCHEN der Packers ist „Packy Packer“.

Die TEAMFARBEN sind Grün und Gold.

Die Packers sind das einzige gemeinnützige, von den Fans betriebene Team in der NFL und haben eine der leidenschaftlichsten Fangemeinden, bekannt als „Cheeseheads“.

MINNESOTA VIKINGS

Die MINNESOTA VIKINGS wurden 1960 gegründet und sind in Minneapolis, Minnesota, beheimatet. Ihre Heimspiele tragen sie im U.S. Bank Stadium aus. Die Vikings haben vier NFC-Meisterschaften gewonnen, jedoch noch keinen Super Bowl-Titel.

Das MASKOTTCHEN der Vikings ist „Viktor the Viking", ein Wikingerkrieger.

Die TEAMFARBEN sind Lila, Gold und Weiß.

Die Vikings haben eine treue Fanbasis und sind bekannt für ihre beeindruckenden Auftritte und die lautstarke Atmosphäre in ihrem Stadion.

DALLAS COWBOYS

Die DALLAS COWBOYS wurden 1960 gegründet und sind in Arlington, Texas, beheimatet. Ihre Heimspiele tragen sie im AT&T Stadium aus. Die Cowboys haben fünf Super Bowl-Titel gewonnen und sind eines der bekanntesten und wertvollsten Sportteams der Welt.

Das MASKOTTCHEN der Cowboys ist „Rowdy“, ein Cowboy.

Die TEAMFARBEN sind Marineblau, Silber und Weiß.

Die Cowboys haben eine riesige und leidenschaftliche Fangemeinde, bekannt als „America‘s Team“, und sind für ihre Cheerleader und das ikonische Stern-Logo bekannt.

NEW YORK GIANTS

Die NEW YORK GIANTS wurden 1925 gegründet und sind in East Rutherford, New Jersey, beheimatet. Ihre Heimspiele tragen sie im MetLife Stadium aus, das sie mit den New York Jets teilen. Die Giants haben vier Super Bowl-Titel gewonnen, zuletzt 2012.

Das inoffizielle MASKOTTCHEN der Giants ist „NY", eine Figur mit dem Giants-Logo.

Die TEAMFARBEN sind Blau, Rot und Weiß.

Die Giants haben eine treue Fangemeinde und sind bekannt für ihre starke Verteidigung und historische Rivalitäten mit anderen NFC-Teams.

PHILADELPHIA EAGLES

Die PHILADELPHIA EAGLES wurden 1933 gegründet und sind in Philadelphia, Pennsylvania, ansässig. Ihre Heimspiele finden im Lincoln Financial Field statt. Die Eagles haben einen Super Bowl-Titel gewonnen, 2018.

Das MASKOTTCHEN der Eagles ist „Swoop", ein Weißkopfseeadler.

Die TEAMFARBEN sind Mitternachtsgrün, Silber und Schwarz.

Die Eagles haben eine der leidenschaftlichsten Fanbasen in der NFL und sind bekannt für ihre robuste Verteidigung und intensive Rivalitäten, insbesondere mit den Dallas Cowboys.

WASHINGTON COMMANDERS

Die WASHINGTON COMMANDERS wurden 1932 gegründet und sind in Landover, Maryland, beheimatet. Ihre Heimspiele tragen sie im FedExField aus. Die Commanders haben drei Super Bowl-Titel gewonnen, zuletzt 1992.

Das MASKOTTCHEN der Commanders ist „Major Tuddy“, ein Wildschwein in militärischer Uniform.

Die TEAMFARBEN sind Burgunderrot und Gold.

Die Commanders haben eine treue Fangemeinde und sind bekannt für ihre reiche Geschichte und die stolze Tradition in der NFL.

ATLANTA FALCONS

Die ATLANTA FALCONS wurden 1965 gegründet und sind in Atlanta, Georgia, beheimatet. Ihre Heimspiele tragen sie im Mercedes-Benz Stadium aus. Die Falcons haben zwei NFC-Meisterschaften gewonnen, jedoch noch keinen Super Bowl-Titel.

Das MASKOTTCHEN der Falcons ist „Freddie Falcon“, ein Falke.

Die TEAMFARBEN sind Schwarz, Rot und Weiß.

Die Falcons haben eine leidenschaftliche Fangemeinde und sind bekannt für ihre explosive Offense und die beeindruckende Architektur ihres Stadions.

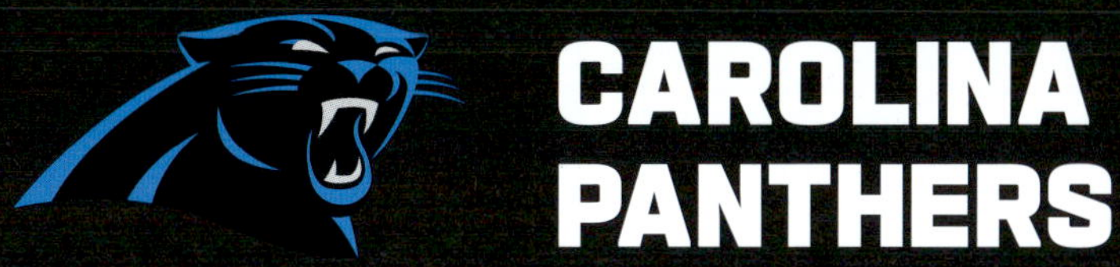

CAROLINA PANTHERS

Die CAROLINA PANTHERS wurden 1993 gegründet und sind in Charlotte, North Carolina, ansässig. Ihre Heimspiele finden im Bank of America Stadium statt. Die Panthers haben zwei NFC-Meisterschaften gewonnen, jedoch noch keinen Super Bowl-Titel.

Das MASKOTTCHEN der Panthers ist „Sir Purr", ein schwarzer Panther.

Die TEAMFARBEN sind Schwarz, Blau und Silber.

Die Panthers haben eine wachsende Fanbasis und sind bekannt für ihre engagierte Gemeinschaft und aufregenden Spiele.

NEW ORLEANS SAINTS

Die NEW ORLEANS SAINTS wurden 1967 gegründet und sind in New Orleans, Louisiana, beheimatet. Ihre Heimspiele tragen sie im Caesars Superdome aus. Die Saints haben einen Super Bowl-Titel gewonnen, 2010.

Das MASKOTTCHEN der Saints ist „Gumbo“, ein Hund, und „Sir Saint“.

Die TEAMFARBEN sind Schwarz und Gold.

Die Saints haben eine leidenschaftliche und treue Fangemeinde, bekannt als „Who Dat Nation“, und sie sind für ihre lebendige Spieltagsatmosphäre bekannt.

TAMPA BAY BUCCANEERS

Die TAMPA BAY BUCCANEERS wurden 1976 gegründet und sind in Tampa, Florida, ansässig. Ihre Heimspiele finden im Raymond James Stadium statt. Die Buccaneers haben zwei Super Bowl-Titel gewonnen, 2003 und 2021.

Das MASKOTTCHEN der Buccaneers ist „Captain Fear", ein Pirat.

Die TEAMFARBEN sind Rot, Zinn und Schwarz.

Die Buccaneers haben eine engagierte Fanbasis und sind bekannt für ihre starke Verteidigung und den legendären Quarterback Tom Brady, der sie zu ihrem zweiten Super Bowl führte.

ARIZONA CARDINALS

Die ARIZONA CARDINALS wurden 1898 gegründet und sind das älteste kontinuierlich betriebene professionelle Football-Team in den USA. Sie sind in Glendale, Arizona, beheimatet und tragen ihre Heimspiele im State Farm Stadium aus. Die Cardinals haben zwei NFC-Meisterschaften gewonnen, jedoch noch keinen Super Bowl-Titel.

Das MASKOTTCHEN der Cardinals ist „Big Red“, ein roter Kardinalvogel.

Die TEAMFARBEN sind Rot, Schwarz und Weiß.

Die Cardinals haben eine wachsende Fangemeinde und sind bekannt für ihre lange und reiche Geschichte.

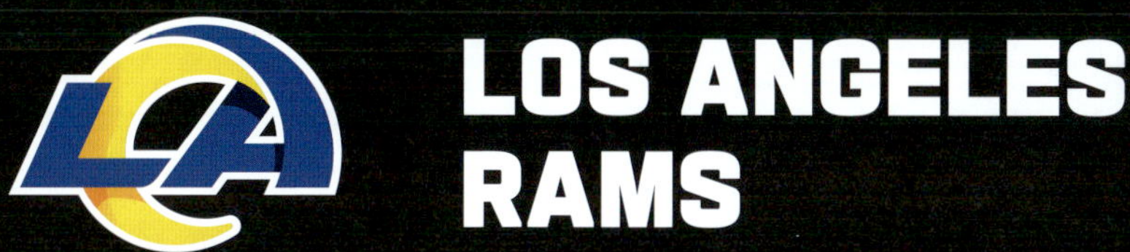

LOS ANGELES RAMS

Die LOS ANGELES RAMS wurden 1936 gegründet und sind in Los Angeles, Kalifornien, ansässig. Ihre Heimspiele finden im SoFi Stadium statt, das sie mit den Los Angeles Chargers teilen. Die Rams haben drei NFL-Meisterschaften und zwei Super Bowl-Titel gewonnen, zuletzt 2022.

Das MASKOTTCHEN der Rams ist „Rampage“, ein Widder.

Die TEAMFARBEN sind Blau, Gold und Weiß.

Die Rams haben eine leidenschaftliche Fanbasis und sind bekannt für ihre innovative Offense und starke Verteidigung.

SAN FRANCISCO 49ERS

Die SAN FRANCISCO 49ERS wurden 1946 gegründet und sind in Santa Clara, Kalifornien, beheimatet. Ihre Heimspiele tragen sie im Levi‘s Stadium aus. Die 49ers haben fünf Super Bowl-Titel gewonnen, zuletzt 1995.

Das MASKOTTCHEN der 49ers ist „Sourdough Sam“, ein Goldgräber

Die TEAMFARBEN sind Rot und Gold.

Die 49ers haben eine treue Fangemeinde und sind bekannt für ihre glorreiche Geschichte mit legendären Spielern wie Joe Montana und Jerry Rice.

SEATTLE SEAHAWKS

Die SEATTLE SEAHAWKS wurden 1974 gegründet und sind in Seattle, Washington, ansässig. Ihre Heimspiele finden im Lumen Field statt, das für seine lauten Fans, bekannt als die „12th Man“, berühmt ist. Die Seahawks haben einen Super Bowl-Titel gewonnen, 2014.

Das MASKOTTCHEN der Seahawks ist „Blitz“, ein Seefalke, und „Boom“, ein Blaureiher.

Die TEAMFARBEN sind Blau, Neon-Grün und Silber.

Die Seahawks sind bekannt für ihre starke Verteidigung, die „Legion of Boom“, und ihre enthusiastische Fanbasis.

DIE ANFÄNGE DES FOOTBALLS

American Football hat eine lange Geschichte, die bis ins 19. Jahrhundert zurückreicht. Es begann als eine Kombination aus zwei englischen Spielen: Fußball (Soccer) und Rugby. Diese Spiele wurden in den Schulen und Universitäten in den USA populär. Die ersten Footballspiele wurden ohne feste Regeln gespielt, was oft zu chaotischen und gefährlichen Spielen führte.

DAS ERSTE OFFIZIELLE SPIEL

Das erste offizielle American Footballspiel fand am 6. November 1869 zwischen den Universitäten Rutgers und Princeton statt. Dieses Spiel sah noch sehr nach Fußball aus, aber es war der Beginn einer neuen Sportart. Rutgers gewann dieses historische Spiel mit 6:4.

ÄNDERUNGEN DER REGELN

In den 1880er Jahren begann ein Mann namens Walter Camp, die Regeln des Spiels zu ändern. Walter Camp wird oft als „Vater des American Football" bezeichnet. Er führte viele wichtige Regeln ein, die das Spiel sicherer und spannender machten, wie die Line of Scrimmage und das Down-System.

DIE GRÜNDUNG DER ERSTEN TEAMS

Ende des 19. Jahrhunderts wurden viele College-Teams gegründet. Mannschaften wie die Yale Bulldogs, die Harvard Crimson und die Princeton Tigers waren sehr bekannt. Diese Teams halfen dabei, American Football populär zu machen. Die Spiele zogen große Menschenmengen an und wurden schnell zu einem beliebten Zeitvertreib.

DIE ERSTEN PROFITEAMS

Im Jahr 1892 wurde William „Pudge" Heffelfinger der erste bezahlte Footballspieler. Er erhielt 500 Dollar, um für die Allegheny Athletic Association zu spielen. Dies war der Beginn des professionellen Footballs. Bald darauf wurden weitere Profiteams gegründet.

DIE GRÜNDUNG DER NFL

1920 wurde die National Football League (NFL) gegründet. Zu den ersten Teams gehörten die Chicago Bears und die Green Bay Packers. Die NFL half dabei, den professionellen Football zu organisieren und zu fördern. Dies war ein wichtiger Schritt für die Entwicklung des Sports.

DIE SUPER-BOWL-ÄRA

Die Super Bowl-Ära begann 1967 mit dem ersten Super Bowl-Spiel zwischen den Green Bay Packers und den Kansas City Chiefs. Die Packers gewannen das Spiel und wurden die ersten Super Bowl-Champions. Der Super Bowl ist heute eines der größten Sportereignisse der Welt.

JIM THORPE, EIN BEDEUTENDER SPIELER

Jim Thorpe war einer der ersten großen Stars im American Football. Er spielte in den 1910er und 1920er Jahren und war ein vielseitiger Athlet. Thorpe war nicht nur ein herausragender Footballspieler, sondern auch ein Olympiasieger und Baseballspieler.

COACH VINCE LOMBARDI

Vince Lombardi war ein legendärer Coach der Green Bay Packers in den 1960er Jahren. Er führte das Team zu fünf NFL-Meisterschaften und zwei Super Bowl-Siegen. Der Super Bowl-Pokal ist nach ihm benannt und heißt Lombardi-Trophy.

DIE 1970ER JAHRE UND DIE STEELERS-DYNASTIE

In den 1970er Jahren dominierten die Pittsburgh Steelers die NFL. Unter der Führung von Coach Chuck Noll gewannen die Steelers vier Super Bowls in sechs Jahren. Spieler wie Terry Bradshaw und „Mean" Joe Greene wurden zu Legenden des Sports.

DIE 1980ER JAHRE UND DER AUFSTIEG DER 49ERS

In den 1980er Jahren waren die San Francisco 49ers das dominierende Team. Unter der Führung von Coach Bill Walsh und Quarterback Joe Montana gewannen die 49ers vier Super Bowls. Ihr schnelles und präzises Passspiel revolutionierte den Football.

DIE 1990ER JAHRE UND DIE DALLAS COWBOYS

In den 1990er Jahren waren die Dallas Cowboys das erfolgreichste Team. Unter der Führung von Coach Jimmy Johnson und später Barry Switzer gewannen die Cowboys drei Super Bowls. Spieler wie Troy Aikman, Emmitt Smith und Michael Irvin wurden zu Superstars.

DIE NEW ENGLAND PATRIOTS UND DIE 2000ER JAHRE

Die New England Patriots dominierten die 2000er Jahre. Unter der Führung von Coach Bill Belichick und Quarterback Tom Brady gewannen die Patriots sechs Super Bowls. Ihre Dominanz setzte sich auch in den 2010er Jahren fort.

DER EINFLUSS VON TECHNOLOGIE

Technologie hat den Football verändert. Heute nutzen Teams Videotechnik und Computer, um ihre Gegner zu analysieren und ihre eigenen Spieler zu verbessern. Auch die Fans profitieren von Technologien wie HD-Fernsehen und Fantasy Football.

DIE ROLLE DER FRAUEN IM FOOTBALL

Obwohl American Football traditionell von Männern dominiert wird, haben Frauen im Laufe der Jahre wichtige Rollen übernommen. Es gibt heute Frauenligen und immer mehr Frauen arbeiten als Trainerinnen und Schiedsrichterinnen in der NFL.

DER FOOTBALL WELTWEIT

American Football hat sich über die USA hinaus verbreitet. Heute gibt es Ligen in Europa, Japan und anderen Teilen der Welt. Der Super Bowl wird in über 180 Ländern ausgestrahlt und hat Millionen von Fans weltweit.

DIE SICHERHEIT IM FOOTBALL

Sicherheit ist ein wichtiges Thema im Football. Helme und Schutzkleidung sind im Laufe der Jahre immer besser geworden. Die NFL hat auch Regeln eingeführt, um gefährliche Spielzüge zu reduzieren und die Gesundheit der Spieler zu schützen.

DER EINFLUSS VON FOOTBALL AUF DIE KULTUR

Football hat einen großen Einfluss auf die amerikanische Kultur. Begriffe wie „Touchdown" und „Hail Mary" sind Teil des täglichen Sprachgebrauchs. Footballspiele am Sonntag und der Super Bowl sind wichtige gesellschaftliche Ereignisse.

DER NACHWUCHS UND DIE ZUKUNFT DES FOOTBALLS

Jugendfootball ist wichtig für die Zukunft des Sports. Viele Kinder und Jugendliche spielen in Schul- und Vereinsmannschaften. Es gibt auch Programme, die jungen Spielern helfen, die Grundlagen des Spiels zu lernen und Teamgeist zu entwickeln.

EIN SPIEL FÜR ALLE

American Football ist ein Spiel für alle. Es lehrt Teamarbeit, Disziplin und Fairplay. Egal ob man spielt, zuschaut oder einfach nur Fan ist – Football bringt Menschen zusammen und schafft unvergessliche Momente. Die Geschichte des American Football ist spannend und entwickelt sich ständig weiter.

AMERICAN FOOTBALL UND DIE NFL IN DEUTSCHLAND

In den letzten Jahren hat American Football in Deutschland erheblich an Bedeutung gewonnen. Die NFL, die National Football League, hat sich als wichtiger Akteur etabliert und trägt maßgeblich zur Popularität des Sports bei. Dies zeigt sich besonders an den steigenden Zuschauerzahlen und der wachsenden Anzahl an Fans in Deutschland.

Ein wesentlicher Faktor für diesen Boom sind die NFL-Spiele, die in Deutschland ausgetragen werden. Diese Events ziehen nicht nur amerikanische Football-Fans an, sondern begeistern auch die deutsche Bevölkerung. Spiele wie die NFL International Series bieten den Fans die einzigartige Gelegenheit, ihre Lieblingsspieler und -teams live zu erleben.

Zusätzlich zu den Live-Spielen haben auch die Medien eine wichtige Rolle gespielt. Spiele werden regelmäßig im Fernsehen übertragen, und es gibt zahlreiche Berichterstattungen und Analysen, die das Interesse und Verständnis für den Sport fördern.

Die steigende Popularität hat auch zu einem Wachstum der heimischen Ligen geführt, wie der German Football League (GFL). Viele deutsche Jugendliche und Erwachsene spielen mittlerweile selbst American Football, inspiriert von den großen Vorbildern aus der NFL.

In den Schulen wird vermehrt Flag Football angeboten, sodass auch jüngere Kinder die Grundlagen bereits lernen können.

EINFÜHRUNG IN AMERICAN FOOTBALL

American Football ist ein spannendes Spiel, das von zwei Teams gespielt wird. Jedes Team hat elf Spieler auf dem Feld. Ziel des Spiels ist es, mehr Punkte als das andere Team zu erzielen. Die Punkte werden durch das Tragen des Balls in die **Endzone** des Gegners oder durch das Kicken des Balls durch das Tor erzielt. Das Spiel wird in vier Vierteln zu je 15 Minuten gespielt.

Das **Spielfeld** ist 100 Yards lang und 53,3 Yards breit. An beiden Enden des Feldes befindet sich eine Endzone, die jeweils 10 Yards tief ist. In der Mitte der Endzonen stehen Torpfosten. Die Linien auf dem Spielfeld sind in Yards markiert, um die Entfernung zu zeigen.

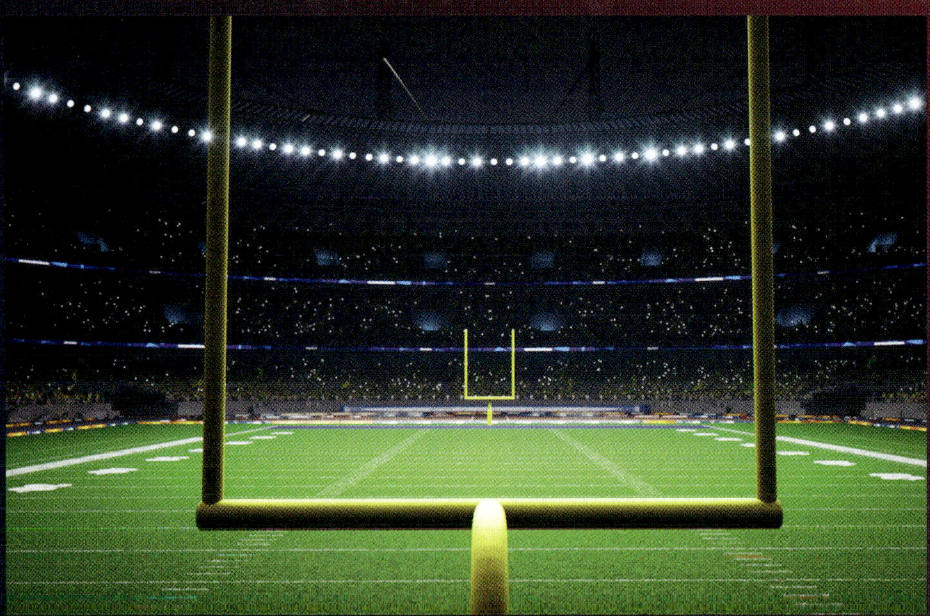

Jedes **Team** besteht aus **Offense**, **Defense** und **Special Teams**. Die Offense versucht, Punkte zu erzielen, indem sie den Ball vorwärts bewegt. Die Defense versucht, die Offense des Gegners zu stoppen. Die Special Teams kommen bei Kicks und Punts ins Spiel.

Der **Ball** ist oval und aus Leder. Er ist so gestaltet, dass er gut geworfen und gefangen werden kann. Die Spieler werfen, fangen und tragen den Ball, um ihn vorwärtszubewegen und Punkte zu erzielen.

Das Spiel beginnt mit einem **Kickoff**. Ein Spieler des Kickoff-Teams kickt den Ball so weit wie möglich in das Feld des Gegners. Das Empfangsteam versucht, den Ball zu fangen und so weit wie möglich zurückzulaufen.

Ein **„Down"** ist ein Spielzug. Die Offense hat vier Downs, um den Ball mindestens 10 Yards vorwärtszubewegen. Schaffen sie das, bekommen sie vier neue Downs. Gelingt es nicht, wechselt der Ballbesitz zum anderen Team.

Ein **Touchdown** bringt sechs Punkte. Ein Touchdown wird erzielt, wenn ein Spieler den Ball in die Endzone des Gegners trägt oder dort fängt. Nach einem Touchdown kann das Team einen **Extrapunkt** oder eine **Zwei-Punkte-Conversion** versuchen. Nach einem Touchdown kann das Team also den Ball von der 15-Yard-Linie durch das Goal, also das Tor aus den oben offenen Stäben, zu kicken, um einen Extrapunkt zu erzielen. Alternativ kann es versuchen, den Ball nochmals in die Endzone zu bringen, was zwei Punkte wert ist.

Ein **Field Goal** bringt drei Punkte. Es wird erzielt, indem der Ball durch die Torpfosten des Gegners gekickt wird. Das Team kann ein Field Goal versuchen, wenn sich die Spieler nahe genug an den Torpfosten befinden.

Ein **Safety** bringt 2 Punkte und wird erzielt, wenn die Defense den Ballträger der Offense in deren eigener Endzone zu Boden bringt. Nach einem Safety bekommt das Team, das die Punkte erzielt hat, den Ball.

Als **Pass** bezeichnet man es, wenn der Quarterback den Ball zu einem anderen Spieler wirft. Der Pass kann vorwärts oder seitwärts geworfen werden. Ein vorwärts geworfener Pass muss hinter der sogenannten **Line of Scrimmage** erfolgen.

Ein **Laufspielzug** ist, wenn der Ball einem Spieler übergeben wird, der versucht, so weit wie möglich zu laufen. Das Laufspiel ist oft schwer zu stoppen und erfordert viel Kraft und Schnelligkeit.

Die **Defense** versucht, die **Offense** des Gegners zu stoppen. Sie kann den Ballträger zu Boden bringen, Pässe abwehren oder den Ball abfangen. Eine starke Defense ist wichtig, um das Spiel zu gewinnen.

Wenn ein Verteidiger den Ballträger stoppt, indem er ihn zu Boden bringt, nennt man das **Tackling**. Ein korrektes Tackling ist wichtig, um Verletzungen zu vermeiden. Tackling ist eine der wichtigsten Fähigkeiten im Football.

Ein **Fumble** passiert, wenn ein Spieler den Ball fallen lässt. Jeder Spieler auf dem Feld kann den Ball aufheben und damit laufen. Wenn die Defense den Ball erobert, wechselt der Ballbesitz.

Eine **Interception** nennt man es, wenn ein Verteidiger einen Pass des Quarterbacks abfängt. Der Verteidiger kann mit dem Ball so weit wie möglich in Richtung Endzone des Gegners laufen. Eine Interception kann das Spiel verändern.

Strafen werden verhängt, wenn ein Spieler gegen die Regeln verstößt. Der Schiedsrichter wirft eine gelbe Flagge auf das Spielfeld, um anzuzeigen, dass ein Regelverstoß vorliegt. Strafen können Raumverluste oder Gewinne zur Folge haben.

Zeitmanagement ist wichtig im Football. Die Uhr läuft während des Spiels und stoppt bei bestimmten Ereignissen, wie zum Beispiel bei einem unvollständigen Pass. Das Team muss die Zeit gut nutzen, um erfolgreich zu sein.

Wenn das Spiel nach vier Vierteln unentschieden steht, geht es in die Overtime. In der **Overtime** hat jedes Team die Chance zu punkten. Das erste Team, das punktet, gewinnt das Spiel. Wenn kein Team punktet, endet das Spiel unentschieden. In den Playoffs ist es etwas anders, hier haben beide Mannschaften die Möglichkeit zu punkten.

Im American Football ist **Fairplay** wichtig. Spieler sollen sich respektieren und die Regeln des Spiels einhalten. Teamgeist und Zusammenarbeit sind entscheidend für den Erfolg. American Football ist nicht nur ein Spiel, sondern auch eine Möglichkeit, Freundschaften zu schließen und Spaß zu haben.

AUDIBLE

Ein Audible ist eine Änderung des Spielzugs durch den Quarterback kurz vor dem Snap. Der Quarterback ruft laut Anweisungen, um den Spielzug zu ändern, basierend auf der Aufstellung der Defense. Audibles sind wichtig, um sich an die Strategie des Gegners anzupassen.

BLITZ

Ein Blitz ist ein spezieller Spielzug der Defense, bei dem zusätzliche Verteidiger versuchen, den Quarterback schnell zu erreichen und zu tacklen (Quarterback Sack). Der Blitz ist riskant, weil er die Verteidigung anfälliger für Pässe macht, aber er kann auch sehr effektiv sein, um den Quarterback unter Druck zu setzen.

BLOCK

Ein Block ist ein legaler Körperkontakt, bei dem ein Spieler einen Gegner daran hindert, den Ballträger zu tacklen, oder durch den er versucht, dem Quarterback genug Zeit zu geben, den Ball zu passen. Offense-Spieler blocken Verteidiger, um dem Ballträger zu helfen, Raum zu gewinnen. Gute Blocks sind entscheidend für erfolgreiche Spielzüge.

CENTER

Der Center befindet sich im Zentrum der Offensive Line. Bei jedem Spielzug der Offense beginnt er mit einem Snap zum Quarterback, Holder oder Punter.

COACH

Der Coach ist der Trainer des Teams. Er plant die Spielzüge, gibt Anweisungen und hilft den Spielern, sich zu verbessern. Ein guter Coach motiviert seine Spieler und sorgt dafür, dass das Team erfolgreich ist. Coaches sind oft die wichtigsten Personen im Team.

CORNERBACK

Ein Cornerback ist ein Verteidiger, der die Receiver des Gegners deckt. Er versucht, Pässe abzuwehren oder Interceptions zu machen. Cornerbacks müssen schnell und wendig sein, um mit den Receivern Schritt zu halten und Pässe zu verhindern.

DEFENSE

Die Defense ist das Team, das versucht, die Offense des Gegners zu stoppen. Die Spieler verhindern, dass die Offense Punkte erzielt, indem sie den Ballträger zu Boden bringen oder Pässe abwehren. Eine starke Defense ist wichtig, um Spiele zu gewinnen. Sie besteht aus verschiedenen Positionen wie Defensive Linemen, Linebackers und Defensive Backs.

DEFENSIVE LINE

Die Defensive Line besteht aus Spielern, die versuchen, den Quarterback zu sacken und die Ballträger zu stoppen. Sie spielen direkt gegenüber der Offensive Line. Eine starke Defensive Line ist wichtig, um die Offense des Gegners zu stören.

DOWN

Ein Down ist ein Versuch, den Ball vorwärtszubewegen. Die Offense hat vier Downs, um den Ball mindestens 10 Yards vorwärtszubringen. Gelingt es ihnen, erhalten sie vier neue Downs. Schaffen sie es nicht, wechselt der Ballbesitz zum anderen Team. Downs sind ein wichtiger Teil der Strategie im Football.

ENDZONE

Die Endzone befindet sich an jedem Ende des Spielfelds. Sie ist 10 Yards tief und ist der Bereich, in dem Touchdowns erzielt werden. Wenn ein Spieler den Ball in die Endzone des Gegners bringt, erhält sein Team Punkte. Jede Endzone gehört einer Mannschaft, und das Ziel ist es, den Ball in die gegnerische Endzone zu bringen, um Punkte zu erzielen.

ENCROACHMENT

Encroachment ist eine Strafe, die verhängt wird, wenn ein Verteidiger die Neutral Zone vor dem Snap übertritt und den Ball oder einen Gegenspieler berührt oder wenn er auf dem klaren Weg zum Quarterback ist. Diese Strafe führt zu einem Raumgewinn für die Offense und kann das Spiel beeinflussen.

EXTRAPUNKT

Nach einem Touchdown hat das Team die Möglichkeit, einen Extrapunkt zu erzielen. Dazu wird der Ball von der 15-Yard-Linie gekickt und muss durch die Torpfosten gehen. Ein Extrapunkt (auch „Point after Touchdown“ genannt) bringt einen zusätzlichen Punkt. Es ist eine wichtige Chance, die Punktzahl zu erhöhen und das Team weiter in Führung zu bringen.

FAIR CATCH

Ein Fair Catch ist, wenn der Punt oder Kickoff Returner den Ball fängt, ohne weiterzulaufen. Er signalisiert dies, indem er seine Hand in die Luft hebt. Dann darf der Returner nicht berührt werden. Der Fair Catch wird hauptsächlich eingesetzt, wenn man kaum Chancen sieht, durch Laufen weitere Yards zu erzielen.

FALSE START

False Start ist eine Strafe, die verhängt wird, wenn ein Offense-Spieler vor dem Snap zu früh losläuft oder sich bewegt. Diese Strafe führt zu einem Raumverlust für die Offense und kann den Spielfluss unterbrechen. False Start kommt häufig bei unerfahrenen Spielern vor.

FIELD GOAL

Ein Field Goal wird erzielt, indem der Ball durch die Torpfosten des Gegners gekickt wird. Ein Field Goal bringt dem Team drei Punkte. Oft wird ein Field Goal versucht, wenn die Offense nah genug an den Torpfosten ist, aber ein Touchdown zu schwer zu erzielen wäre. Es erfordert Präzision und Kraft vom Kicker.

FULLBACK

Ein Fullback ist ein Spieler, der sowohl als Blocker als auch als Läufer eingesetzt wird. Er hilft, den Weg für den Running Back freizumachen und kann auch kurze Pässe fangen oder selbst den Ball tragen. Fullbacks sind stark und vielseitig.

FUMBLE

Ein Fumble passiert, wenn ein Spieler den Ball fallen lässt. Jeder Spieler auf dem Feld kann den Ball aufheben und damit laufen. Wenn die Defense den Ball erobert, wechselt der Ballbesitz. Fumbles sind oft aufregende Momente im Spiel, da sie das Spiel schnell verändern können.

HOLDER

Er gehört zu den Special Teams und hat die Aufgabe, bei dem Versuch eines Field Goals oder Point-after-Touchdown-Versuches den Ball für den Kicker gerade zu halten, nachdem er den Snap bekommen hat.

HOLDING

Holding ist eine Strafe, die verhängt wird, wenn ein Spieler einen Gegner illegal festhält. Diese Strafe kann sowohl von der Offense als auch von der Defense begangen werden. Holding führt zu einem Raumverlust für das betroffene Team und kann den Spielfluss unterbrechen.

HUDDLE

Ein Huddle ist, wenn sich die Spieler eines Teams in einem Kreis oder einer anderen Formation versammeln, um den nächsten Spielzug zu besprechen. Der Quarterback oder ein anderer Anführer erklärt den Spielzug. Huddles sind wichtig, um die Strategie zu besprechen und sicherzustellen, dass alle Spieler wissen, was sie tun müssen.

INTERCEPTION

Eine Interception passiert, wenn ein Verteidiger einen Pass des Quarterbacks abfängt. Der Verteidiger kann dann versuchen, mit dem Ball in Richtung der Endzone des Gegners zu laufen. Interceptions sind wichtige Spielzüge, da sie den Ballbesitz ändern und oft zu Punkten für die Defense führen können.

KICKER

Der Kicker ist ein Spezialist, der für das Kicken des Balls verantwortlich ist. Er führt Kickoffs, Field Goals und Extrapunkte aus. Ein guter Kicker ist präzise und hat eine starke Beinkraft. Die Kicker spielen eine entscheidende Rolle, wenn es darum geht, wichtige Punkte für das Team zu erzielen.

KICKOFF

Ein Kickoff ist der Start des Spiels, der Beginn der zweiten Halbzeit und wird auch nach jedem Touchdown (plus Extrapunkt) oder Fieldgoal ausgetragen. Der Kicker des einen Teams kickt den Ball weit in das Feld des Gegners. Das empfangende Team versucht, den Ball so weit wie möglich zurückzulaufen, um eine gute Ausgangsposition zu erreichen.

LINEBACKER

Linebacker sind wichtige Spieler in der Defense. Sie stehen hinter der Defensive Line und haben verschiedene Aufgaben, wie das Tackling des Ballträgers, das Abwehren von Pässen und das Blitzen zum Quarterback. Linebacker müssen stark, schnell und geschickt sein, um ihre vielseitigen Aufgaben zu erfüllen.

LINE OF SCRIMMAGE

Die Line of Scrimmage ist die unsichtbare Linie, an der jeder neue Spielzug beginnt. Beide Teams stellen sich entlang dieser Linie auf. Die Offense versucht, den Ball vorwärtszubewegen, während die Defense versucht, sie zu stoppen. Die Line of Scrimmage ändert sich nach jedem Spielzug, abhängig davon, wie weit der Ball bewegt wurde.

LOGO

Jedes NFL-Team hat ein eigenes Logo, das sich an verschiedenen Stellen wiederfindet.

MASKOTTCHEN

Fast jedes Team hat ein Maskottchen, das ihm Glück bringen soll. Oft verkleidet sich jemand als das Maskottchen und animiert die Zuschauer und Fans, das Team anzufeuern. Nach einer Liste der LA Times (Stand 2023) haben vier Teams kein offizielles Maskottchen: Die Chargers, Green Bay Packers, NY Giants und NY Jets.

NEUTRAL ZONE

Die Neutral Zone ist der Bereich zwischen der Offensive und der Defensive Line, entlang der Line of Scrimmage. Kein Spieler darf die Neutral Zone vor dem Snap betreten. Verstöße gegen diese Regel führen zu Strafen wie Offside oder Encroachment.

OFFENSIVE LINE

Die Offensive Line besteht aus fünf Spielern, die den Quarterback und die Ballträger schützen. Sie blocken die Verteidiger und schaffen Raum für die Läufer. Eine starke Offensive Line ist entscheidend für den Erfolg der Offense. In ihrer Mitte befindet sich der Center.

OFFSIDE

Offside ist eine Strafe, die verhängt wird, wenn ein Spieler die Line of Scrimmage vor dem Snap übertritt. Diese Strafe führt zu einem Raumverlust für das betroffene Team und kann den Spielfluss unterbrechen. Offside kann von der Offense oder der Defense begangen werden.

OVERTIME

Overtime ist die Verlängerung, wenn das Spiel nach vier Vierteln unentschieden steht. Beide Teams haben die Chance, zu punkten. Das erste Team, das punktet, gewinnt das Spiel (außer in den Playoffs der NFL). Wenn kein Team punktet, endet das Spiel unentschieden. Overtime bringt oft zusätzliche Spannung ins Spiel.

PASS INTERFERENCE

Der Begriff bezeichnet eine Strafe, die verhängt wird, wenn ein Spieler einen Gegner daran hindert, einen Pass zu fangen, bevor der Ball ankommt. Es kann von der Offense oder der Defense begangen werden. Die Strafe gibt dem benachteiligten Team Raumgewinn und manchmal sogar den Ball an der Stelle des Fouls.

PLAY ACTION

Play Action ist ein Spielzug, bei dem der Quarterback so tut, als würde er den Ball an den Running Back übergeben, um die Defense zu täuschen. Dann behält der Quarterback den Ball und wirft einen Pass. Play Action ist effektiv, um die Verteidiger aus ihrer Position zu locken.

PUNT

Ein Punt ist ein Spielzug, bei dem der Ball vom Kicker weit in das Feld des Gegners gekickt wird. Dies passiert oft beim vierten Down, wenn das Team glaubt, dass es die erforderlichen Yards nicht schaffen kann. Ein Punt hilft, das gegnerische Team weiter von der eigenen Endzone zu entfernen und die eigene Defense in eine bessere Position zu bringen.

PUNTER

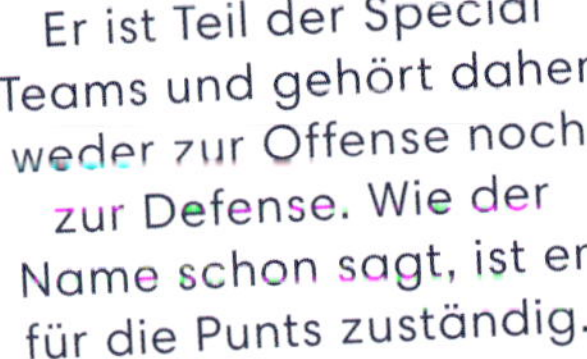

Er ist Teil der Special Teams und gehört daher weder zur Offense noch zur Defense. Wie der Name schon sagt, ist er für die Punts zuständig.

PUNT RETURN

Ein Punt Return passiert, wenn das gegnerische Team den Ball nach einem Punt zurückläuft. Der Punt Returner versucht, so viele Yards wie möglich zu gewinnen. Ein guter Punt Return kann das eigene Team in eine gute Ausgangsposition bringen, um Punkte zu erzielen.

QUARTERBACK

Der Quarterback ist der wichtigste Spieler in der Offense. Er erhält den Ball vom Center und entscheidet, ob er ihn an einen anderen Spieler übergibt, selbst läuft oder zu einem Mitspieler passt. Der Quarterback führt das Team auf dem Spielfeld. Berühmte Quarterbacks sind Tom Brady und Patrick Mahomes.

RECEIVER

Receiver sind die Spieler, die den Ball fangen sollen. Sie laufen bestimmte Routen auf dem Spielfeld und versuchen, sich freizulaufen, damit der Quarterback ihnen den Ball zuwerfen kann. Gute Receiver sind schnell und geschickt im Fangen des Balls. Sie spielen eine wichtige Rolle bei den Passspielzügen der Offense.

RED ZONE

Die Red Zone ist der Bereich zwischen der 20-Yard-Linie und der Endzone des Gegners. Wenn ein Team in der Red Zone ist, hat es eine gute Chance, Punkte zu erzielen. Die Defense muss besonders gut spielen, um das Team in der Red Zone aufzuhalten und Punkte zu verhindern.

RETURNER

Ein Returner ist der Spieler, der bei Kickoffs und Punts den Ball fängt und zurückläuft. Ein guter Returner kann viele Yards gewinnen und seinem Team eine gute Ausgangsposition verschaffen. Returner müssen schnell und geschickt im Ausweichen sein.

RUNNING BACK

Der Running Back ist der Spieler, der den Ball vom Quarterback erhält und versucht, so weit wie möglich zu laufen. Running Backs sind schnell und stark, da sie oft durch die Verteidigung hindurchlaufen müssen. Sie spielen eine wichtige Rolle in der Offense und helfen dabei, Yards zu gewinnen und Touchdowns zu erzielen.

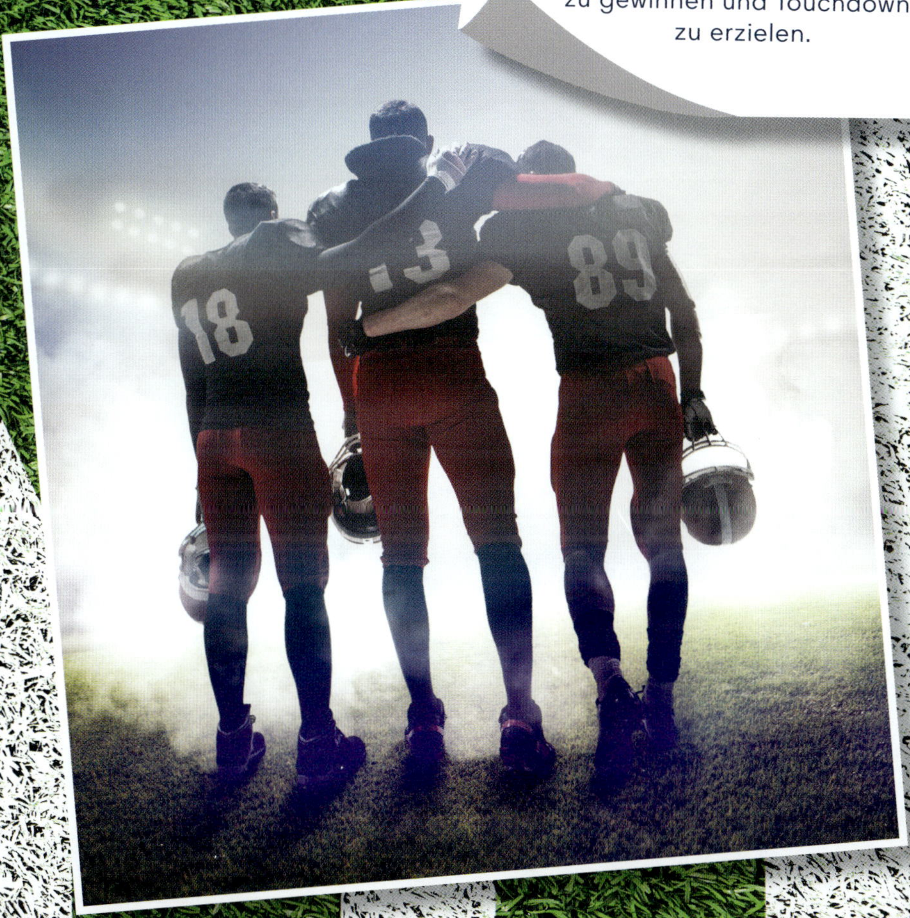

SACK

Ein Sack passiert, wenn ein Verteidiger den Quarterback hinter der Line of Scrimmage zu Boden bringt, bevor er den Ball werfen kann. Sacks sind wichtig, weil sie Raumverluste für die Offense verursachen und oft das Momentum des Spiels verändern können.

SAFETY

Ein Safety ist ein Verteidiger, der tief im Feld spielt und als letzte Verteidigungslinie fungiert. Es gibt zwei Arten von Safeties: Free Safety und Strong Safety. Sie helfen, Pässe zu verteidigen und unterstützen die Linebacker bei der Verteidigung gegen Laufspielzüge.

SAFETY (SPIELZUG)

Ein Safety ist ein Spielzug, bei dem die Defense zwei Punkte erzielt. Dies passiert, wenn der Ballträger der Offense in seiner eigenen Endzone zu Boden gebracht wird. Ein Safety ist selten, aber kann das Spiel stark beeinflussen.

SNAP

Der Snap ist der Moment, in dem der Center den Ball zum Quarterback oder einem anderen Spieler übergibt. Der Snap startet jeden Spielzug. Ein sauberer Snap ist wichtig, damit die Offense den Spielzug reibungslos durchführen kann. Fehler beim Snap können zu Fumbles führen.

SPECIAL TEAMS

Special Teams sind besondere Spielergruppen, die bei Kickoffs, Punts, Field Goals und PATs (Points after Touchdowns) auf dem Feld sind. Sie haben spezielle Aufgaben und sind wichtig für das Spiel. Special Teams können das Spiel mit großen Spielzügen wie Kickoff-Returns und Punt-Blocks verändern.

TACKLE

Ein Tackle ist, wenn ein Verteidiger den Ballträger stoppt, indem er ihn zu Boden bringt. Tackling ist eine der wichtigsten Fähigkeiten im Football. Ein guter Tackle verhindert, dass die Offense weitere Yards gewinnt. Spieler müssen sicher tackeln, um Verletzungen zu vermeiden und das Spiel fair zu halten.

TIMEOUT

Ein Timeout ist eine kurze Pause im Spiel, die von den Trainern genutzt wird, um die Strategie zu besprechen oder den Spielern eine Verschnaufpause zu geben. Jedes Team hat in jeder Spielhalbzeit drei Timeouts. Timeouts sind wichtig, um wichtige Spielzüge vorzubereiten.

TIGHT END

Ein Tight End ist ein Spieler, der sowohl als Blocker als auch als Receiver fungiert. Er steht neben der Offensive Line und kann Pässe fangen oder Laufspielzüge unterstützen. Tight Ends müssen groß, stark und schnell sein, um ihre vielfältigen Aufgaben zu erfüllen.

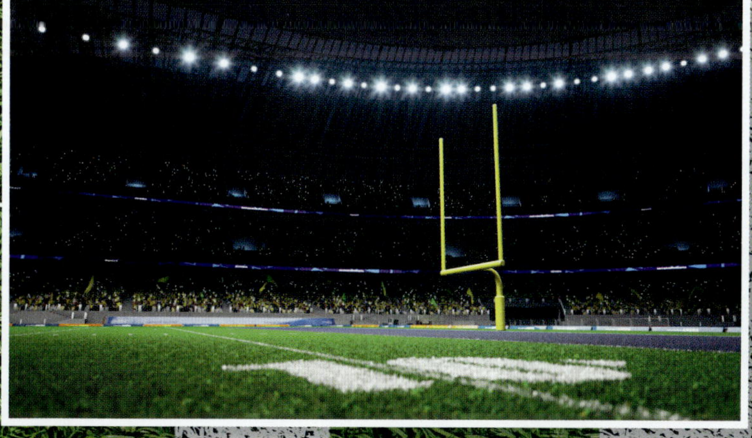

TOUCHDOWN

Ein Touchdown ist das größte Ziel im American Football. Ein Touchdown wird erzielt, wenn ein Spieler den Ball in die Endzone des gegnerischen Teams trägt oder dort fängt. Ein Touchdown bringt dem Team sechs Punkte. Danach hat das Team die Möglichkeit, einen Extrapunkt zu erzielen oder eine Zwei-Punkte-Conversion zu versuchen. Touchdowns sind der aufregendste Teil des Spiels und bringen die Fans zum Jubeln.

ZWEI-PUNKTE-CONVERSION

Nach einem Touchdown kann das Team statt eines Extrapunktes eine Zwei-Punkte-Conversion versuchen. Dabei versucht die Offense, den Ball erneut in die Endzone zu bringen, aber diesmal von der 2-Yard-Linie. Gelingt dies, erhält das Team zwei Punkte. Eine Zwei-Punkte-Conversion ist riskanter, kann aber lohnend sein.

Wer gilt als Erfinder des AMERICAN FOOTBALL?

Walter Camp studierte an der Yale Universität und änderte die Rugby Regeln nach seinen Vorstellungen. So erfand er 1880 die „Line of Scrimmage“, von welcher aus ein Spielzug startet. Zwei Jahre später kamen die Downs dazu, damals wurden noch drei Versuche gespielt.

Welches Team schaffte bislang eine „PERFECT SEASON“?

Die Miami Dolphins sind das bislang einzige NFL-Team, welches eine komplette „Perfect Season“ spielte. Im Jahr 1972 gewannen sie alle 17 Begegnungen inklusive dem Super Bowl. Dort besiegten sie die Washington Redskins (heute: Washington Commanders) 14:7.

Seit wann gibt es CHEERLEADER?

Beim Spiel der University of Minnesota und der Northwestern University am 02. November 1898 gab es erstmals organisierte Anfeuerungsrufe. Damals waren es allerdings ausschließlich Studenten, welche ihr Team an der Seitenlinie als Einheizer unterstützten. Erst seit 1923 gab es dann auch weibliche Cheerleader, als mehr und mehr tänzerische Elemente gefragt waren.

Welcher Quarterback wird auch „DAN THE MAN" genannt?

Dan Marino spielte von 1983 bis 1999 als Quarterback bei den Miami Dolphins und stellte viele Passing-Rekorde auf, welche teilweise heute noch Bestand haben. Nur ein Super-Bowl-Sieg war ihm nicht vergönnt, daher gilt er als einer der besten NFL-Quarterbacks ohne den begehrten Ring.

Wann war das erste AMERICAN FOOTBALL-SPIEL überhaupt?

Am 6. November 1869 spielte die Rutgers University gegen die Princeton University in New Brunswick, New Jersey, nach einem Regelmix aus Rugby und Fußball vor ca. 100 Zuschauern.

Was war der legendäre „THE CATCH"?

In den NFL-Playoffs 1982 glichen die San Francisco 49ers in der letzten Minute einen 21:27 Rückstand gegen die Dallas Cowboys aus und gewannen dann noch mit 28:27.
Quarterback Joe Montana stand unter größtem Druck und konnte in letzter Sekunde gerade noch einen Pass auf Dwight Clark werfen. Dieser konnte den Ball knapp am Ende der Endzone irgendwie noch mit den Fingerspitzen fangen; und das gilt als der wohl spektakulärste Fang in der NFL-Geschichte. Zwei Wochen später gewannen die San Francisco 49ers den Super Bowl XVI.

DAS NFL-LOGO

Das Logo der National Football League (NFL) ist eines der bekanntesten Symbole im amerikanischen Sport. Es besteht aus einem Schild-Design und enthält mehrere wichtige Elemente, die die Geschichte und Tradition der Liga widerspiegeln.

Schildform: Das Logo hat die Form eines traditionellen Wappenschilds, was Stärke und Beständigkeit symbolisiert.

Farbgebung: Die Hauptfarben des Logos sind Blau, Rot und Weiß, die auch die Farben der Vereinigten Staaten sind.

Sterne: Im oberen Teil des Logos befinden sich acht weiße Sterne, die auf einem blauen Hintergrund angeordnet sind. Diese Sterne repräsentieren die acht Divisionen, die es ursprünglich in der NFL gab, bevor die Liga auf ihre heutige Struktur mit 32 Teams und acht Divisionen in zwei Conferences erweitert wurde.

Football: In der Mitte der Sterne befindet sich ein weißer Football mit genähtem Lederstreifen. Dies ist ein direktes Symbol für den Sport, den die Liga repräsentiert.

NFL-Schriftzug: Unterhalb der Sterne ist der Schriftzug „NFL" in roten Großbuchstaben zu sehen. Diese Abkürzung steht natürlich für National Football League.

DIE GESCHICHTE DES NFL-LOGOS

Das NFL-Logo hat sich im Laufe der Jahre mehrfach geändert, aber das grundlegende Schild-Design ist seit den 1940er Jahren erhalten geblieben. Die bedeutendste Veränderung fand 2008 statt, als das Logo modernisiert wurde, um eine klarere und präzisere Darstellung zu bieten. Bei dieser Aktualisierung wurde die Anzahl der Sterne von 25 auf 8 reduziert, um die 8 Divisionen der Liga besser zu repräsentieren, und das Football-Symbol wurde zentraler gesetzt.

Das NFL-Logo ist nicht nur ein Symbol für die Liga, sondern auch ein Zeichen für Qualität und Tradition im amerikanischen Football. Es wird auf allen offiziellen Liga-Dokumenten, Merchandising-Artikeln und Übertragungen verwendet und ist ein wichtiges Markenzeichen, das weltweit erkannt wird.

Insgesamt steht das Logo der NFL für die Geschichte, den Wettbewerb und die nationale Bedeutung der Liga im American Football.

DIE BÄLLE

Die Entwicklung der Bälle im American Football hat eine lange Geschichte und zeigt, wie der Sport sich im Laufe der Zeit verändert und angepasst hat.

Die ersten Footbälle, die in den frühen Spielen des 19. Jahrhunderts verwendet wurden, ähnelten eher Rugby-Bällen. Sie waren rund oder oval und bestanden aus aufblasbaren Tierblasen, die mit Leder umwickelt waren. Diese Bälle waren schwer zu kontrollieren und oft ungenau in ihren Flugbahnen.

Im späten 19. und frühen 20. Jahrhundert wurden die Tierblasen durch Gummibläschen ersetzt, was die Haltbarkeit und Formbeständigkeit der Bälle verbesserte. Die Form des Balls wurde länger und schmaler, um ihn aerodynamischer zu machen und das Passspiel zu erleichtern.

Der Ball entwickelte sich weiter, von einem runderen zu einem eher elliptischen, spitzeren Design, das auch als „prolate spheroid" bekannt wurde. Diese Form ermöglichte längere und präzisere Pässe. Ab den 1930er Jahren bekam der Football seine heutige längliche Form. Dadurch verbesserte sich das Werfen und Fangen.

Der moderne Football besteht aus vier Lederstücken, die zu einem Ball zusammengenäht werden, und einer inneren Gummiblase, die aufgepumpt wird. Leder wird bevorzugt, weil es eine gute Griffigkeit und Haltbarkeit bietet. Einige Bälle haben auch spezielle Oberflächen, um die Griffigkeit zu verbessern. Das hilft besonders bei schlechten Wetterbedingungen.

Mit der Zeit wurden Technologien wie präzisere Nähte und besser verarbeitete Lederhäute eingeführt, um die Qualität und Konsistenz der Bälle zu gewährleisten. Heute werden in professionellen Ligen, wie der NFL, hochwertige Lederbälle verwendet, die strengen Qualitätskontrollen unterliegen.

Seit 1941 ist Wilson der offizielle Lieferant der NFL-Footballs. Jeder Ball wird in Handarbeit hergestellt und durchläuft mehrere Qualitätstests, bevor er für den Einsatz in Spielen zugelassen wird. Die Bälle tragen das „Duke“-Logo zu Ehren von Wellington Mara, dem legendären Besitzer der New York Giants.

Es gibt auch spezielle Trainingsbälle und Jugendbälle, die leichter und kleiner sind, um jüngeren Spielern das Erlernen des Spiels zu erleichtern. Man erkennt sie oft an zwei weißen Streifen rund um den Ball.

Es werden auch stetig neue Technologien getestet, wie Sensoren in den Bällen, um Statistiken und Leistungsdaten in Echtzeit zu erfassen.

Insgesamt hat sich der Football von einem einfachen, ungenauen Ball zu einem hochentwickelten, spezialisierten Sportgerät gewandelt. Diese Entwicklungen haben dazu beigetragen, dass American Football zu einem technisch anspruchsvolleren und spannenderen Spiel geworden ist.

DIE GEHÄLTER DER NFL-SPIELER

Die Gehälter von Spielern in der NFL (National Football League) sind vielfältig und können stark variieren, abhängig von verschiedenen Faktoren wie der Position des Spielers, seiner Erfahrung und seinem Talent.

Rookies, also Spieler in ihrem ersten Jahr, erhalten Verträge basierend auf ihrer Position im NFL-Draft. Die besten Picks, insbesondere die ersten 32 Spieler, erhalten höhere Gehälter. Auch das Dienstalter spielt dabei eine Rolle. Für die Saison 2023 betrugen die Mindestgehälter für Rookies rund 750.000 US-Dollar, während Spieler mit mehreren Jahren Erfahrung mehr verdienen.

Die bestbezahlten Spieler der NFL sind häufig Quarterbacks. Spieler wie Patrick Mahomes, Aaron Rodgers und Josh Allen haben Verträge, die ihnen jährlich weit über 30 Millionen US-Dollar einbringen. Patrick Mahomes unterschrieb 2020 einen rekordverdächtigen 10-Jahres-Vertrag von bis zu 503 Millionen US-Dollar.

Das durchschnittliche Jahresgehalt eines NFL-Spielers liegt zwischen 2 und 3 Millionen US-Dollar. Dieser Durchschnitt wird jedoch durch die hohen Gehälter der Spitzenverdiener beeinflusst.

Die Gehälter und Arbeitsbedingungen der Spieler werden durch den Kollektivvertrag zwischen der NFL und der NFL Players Association (NFLPA) geregelt. Dieser Vertrag heißt CBA (Collective Bargaining Agreement) und legt unter anderem die Mindestgehälter, Vertragsbedingungen und die Gehaltsobergrenze (Salary Cap) fest. Diese Gehaltsobergrenze beschränkt das Gesamtgehalt, das ein Team in einer Saison für seine Spieler ausgeben kann. Für die Saison 2023 lag die Gehaltsobergrenze bei etwa 224,8 Millionen US-Dollar pro Team. Diese Begrenzung fördert

die Wettbewerbsfähigkeit und verhindert, dass Teams mit mehr finanziellen Ressourcen einen unfairen Vorteil haben.
Viele NFL-Spieler verdienen zusätzlich Geld durch Werbeverträge und Sponsoring-Deals. Und die Spieler können auch Boni für besondere Leistungen wie Pro Bowl-Auswahlen, All-Pro-Nominierungen und Team-Erfolge wie Playoff-Teilnahmen und Super Bowl-Siege erhalten.

DIE ENTWICKLUNG DER HELME

Die ersten Helme in den 1920er–1940er Jahren bestanden aus Leder und boten nur minimalen Schutz. Sie hatten keine Gesichtsmasken und wurden hauptsächlich getragen, um Kopfverletzungen zu reduzieren.

In den 1950er Jahren wurden Lederhelme durch Helme aus Hartplastik ersetzt. Diese Helme boten besseren Schutz und wurden bald zur Standardausrüstung in der NFL. Es wurden Gesichtsmasken eingeführt, um das Gesicht vor Verletzungen zu schützen. Anfangs waren es nur einfache Stangen, später gab es aufwändigere Konstruktionen.

Moderne Helme bestehen aus leichteren und stärkeren Materialien wie Polycarbonat. Sie sind mit Polsterungen und Stoßdämpfungssystemen ausgestattet, um die Aufprallkräfte zu reduzieren. Neuere Modelle verwenden Technologien wie aufblasbare Polsterungen und sensorbasierte Systeme, um den Schutz und die Passform weiter zu verbessern.

Die NFL hat im Laufe der Jahre strengere Sicherheitsstandards und Testverfahren für Helme und andere Ausrüstungen eingeführt, um Gehirnerschütterungen und andere Kopfverletzungen zu minimieren.

UNIFORMEN

Die Uniformen in den 1920er–1940er Jahren waren einfach, funktional und aus schwerem Baumwollstoff gefertigt. Sie waren nicht sehr atmungsaktiv und boten wenig Komfort. In den 1950er–1970er Jahren wurden Uniformen aus leichteren und flexibleren Materialien hergestellt.
Heutige Uniformen bestehen aus High-Tech-Materialien, die Schweiß ableiten, schnell trocknen und atmungsaktiv sind. Sie sind leicht und bieten dennoch Haltbarkeit und Schutz. Die Passform der Uniformen ist ergonomisch gestaltet, um eine größtmögliche Bewegungsfreiheit zu erhalten.

SCHULTERPOLSTER

Die ersten Schulterpolster aus den 1920er–1940er Jahren waren einfache Lederkonstruktionen mit minimaler Polsterung. Sie boten wenig Schutz und Bewegungsfreiheit. In den 1950er Jahren wurden Schulterpolster verstärkt und aus härteren Materialien wie Kunststoff und Schaumstoff entwickelt. Diese boten besseren Schutz und Unterstützung.
Seit den 1970er Jahren wurden die Polster immer leichter und passten sich besser dem Körper an. Moderne Schulterpolster bieten auch besseren Schutz durch verbesserte Materialien und Design. Neue Technologien wie aufblasbare Polsterungen und stoßabsorbierende Materialien verbessern den Schutz weiter und sind angenehmer zu tragen.

Falsche Reise

1994 reiste das NFL-Team der New Orleans Saints versehentlich in die falsche Stadt. Sie sollten gegen die Arizona Cardinals in Tempe, Arizona, spielen, aber das Team flog nach Tucson, Arizona. Glücklicherweise hatten sie genug Zeit, um die Reise zu korrigieren und rechtzeitig zum Spiel zu erscheinen.

Schneeengel

Im Jahr 1985, während eines Schneesturms in einem Spiel zwischen den Green Bay Packers und den Tampa Bay Buccaneers, rutschte ein Spieler der Buccaneers auf dem Rücken durch den Schnee und machte spontan einen Schneeengel. Diese spontane Aktion brachte die Fans zum Lachen und sorgte für einen unvergesslichen Moment.

Zusammenstoß mit dem Schiedsrichter

In einem Spiel zwischen den New York Giants und den Chicago Bears in den 1930er Jahren stellte sich ein Schiedsrichter hinter einen der Torpfosten, um sicherzustellen, dass er eine klare Sicht auf das Spielgeschehen hatte. Als ein Spieler versuchte, ein Field Goal zu blocken, kollidierte er versehentlich mit dem Schiedsrichter.

Die „Gatorade-Dusche"

Die Tradition, den Trainer nach einem Sieg mit Gatorade zu überschütten, begann 1985, als die New York Giants diese Geste erstmals an ihrem Coach Bill Parcells vollzogen. Heute ist die Gatorade-Dusche ein festes Ritual bei vielen Siegen.

Tom Bradys spätes Draft-Pick

Tom Brady, einer der erfolgreichsten Quarterbacks in der Geschichte der NFL, wurde erst an 199. Stelle im NFL Draft 2000 von den New England Patriots ausgewählt. Er hat seitdem sieben Super Bowl-Ringe gewonnen und ist als einer der größten Spieler aller Zeiten bekannt.

Das längste NFL-Spiel

Das längste Spiel in der Geschichte der NFL fand am 25. Dezember 1971 statt. Das Playoff-Spiel zwischen den Miami Dolphins und den Kansas City Chiefs dauerte 82 Minuten und 40 Sekunden. Die Dolphins gewannen schließlich in der zweiten Overtime mit einem Field Goal.

Der längste Spielzug

Der längste Spielzug in der NFL-Geschichte ereignete sich 2003, als die New Orleans Saints gegen die Jacksonville Jaguars spielten. Es war ein 75-Yard-Spielzug, der sieben Pässe und mehrere laterale Pässe umfasste, bevor die Saints einen Touchdown erzielten. Leider verpassten sie den Extrapunkt und verloren das Spiel.

Der erste Super Bowl:

Der erste Super Bowl war nicht ausverkauft. Im Jahr 1967, als die Green Bay Packers gegen die Kansas City Chiefs spielten, blieben viele Plätze im Los Angeles Memorial Coliseum leer. Heute ist der Super Bowl eine der begehrtesten Veranstaltungen im Sport.

DER SUPER BOWL

Der Super Bowl ist das Endspiel der National Football League (NFL) und eines der größten Sportereignisse der Welt. Er findet seit 2022 am zweiten Sonntag im Februar statt (vorher am ersten Sonntag) und markiert den Höhepunkt der NFL-Saison, bei dem die beiden besten Teams der Liga, der Sieger der American Football Conference (AFC) und der Sieger der National Football Conference (NFC), gegeneinander antreten.

Auch in Europa wird der Super Bowl von zahlreichen Zuschauerinnen und Zuschauern im Fernsehen verfolgt. Durch die Zeitverschiebung müssen die Fans allerdings das Spiel mitten in der Nacht anschauen. Daher ist es für viele jedes Jahr ein ganz besonderes Event. Häufig kommen auch gut gefüllte „Snack-Stadien“ zum Einsatz, die es mittlerweile in vielen Ausführungen gibt.

DIE ENTSTEHUNG DES SUPER BOWL

Der erste Super Bowl wurde am 15. Januar 1967 gespielt und war das Ergebnis der Zusammenführung der beiden Ligen, die bisher in Konkurrenz zueinander gestanden hatten: der NFL (National Football League) und der American Football League (AFL). Diese Fusion führte zur Bildung der modernen NFL, die in zwei Conferences aufgeteilt ist: die AFC (American Football Conference) und die NFC (National Football Conference).
Das erste Spiel wurde offiziell als „AFL-NFL World Championship Game“ bezeichnet, war aber bald als „Super Bowl“ bekannt.
Die Green Bay Packers gewannen den ersten Super Bowl gegen die Kansas City Chiefs mit 35:10.

DIE GEWINNER-TEAMS DES SUPER BOWL:

2024	Kansas City Chiefs	(4.)
2023	Kansas City Chiefs	(3.)
2022	Los Angeles Rams	(2.)
2021	Tampa Bay Buccaneers	(2.)
2020	Kansas City Chiefs	(2.)
2019	New England Patriots	(6.)
2018	Philadelphia Eagles	(1.)
2017	New England Patriots	(5.)
2016	Denver Broncos	(3.)
2015	New England Patriots	(4.)
2014	Seattle Seahawks	(1.)
2013	Baltimore Ravens	(2.)
2012	New York Giants	(4.)
2011	Green Bay Packers	(4.)

2010	New Orleans Saints	(1.)
2009	Pittsburgh Steelers	(6.)
2008	New York Giants	(3.)
2007	Indianapolis Colts	(2.)
2006	Pittsburgh Steelers	(5.)
2005	New England Patriots	(3.)
2004	New England Patriots	(2.)
2003	Tampa Bay Buccaneers	(1.)
2002	New England Patriots	(1.)
2001	Baltimore Ravens	(1.)
2000	Los Angeles Rams	(1.)
1999	Denver Broncos	(2.)
1998	Denver Broncos	(1.)
1997	Green Bay Packers	(3.)

1996		Dallas Cowboys	(5.)
1995		San Francisco 49ers	(5.)
1994		Dallas Cowboys	(4.)
1993		Dallas Cowboys	(3.)
1992		Washington Commanders	(3.)
1991		New York Giants	(2.)
1990		San Francisco 49ers	(4.)
1989		San Francisco 49ers	(3.)
1988		Washington Commanders	(2.)
1987		New York Giants	(1.)
1986		Chicago Bears	(1.)
1985		San Francisco 49ers	(2.)
1984		Las Vegas Raiders	(3.)
1983		Washington Commanders	(1.)
1982		San Francisco 49ers	(1.)

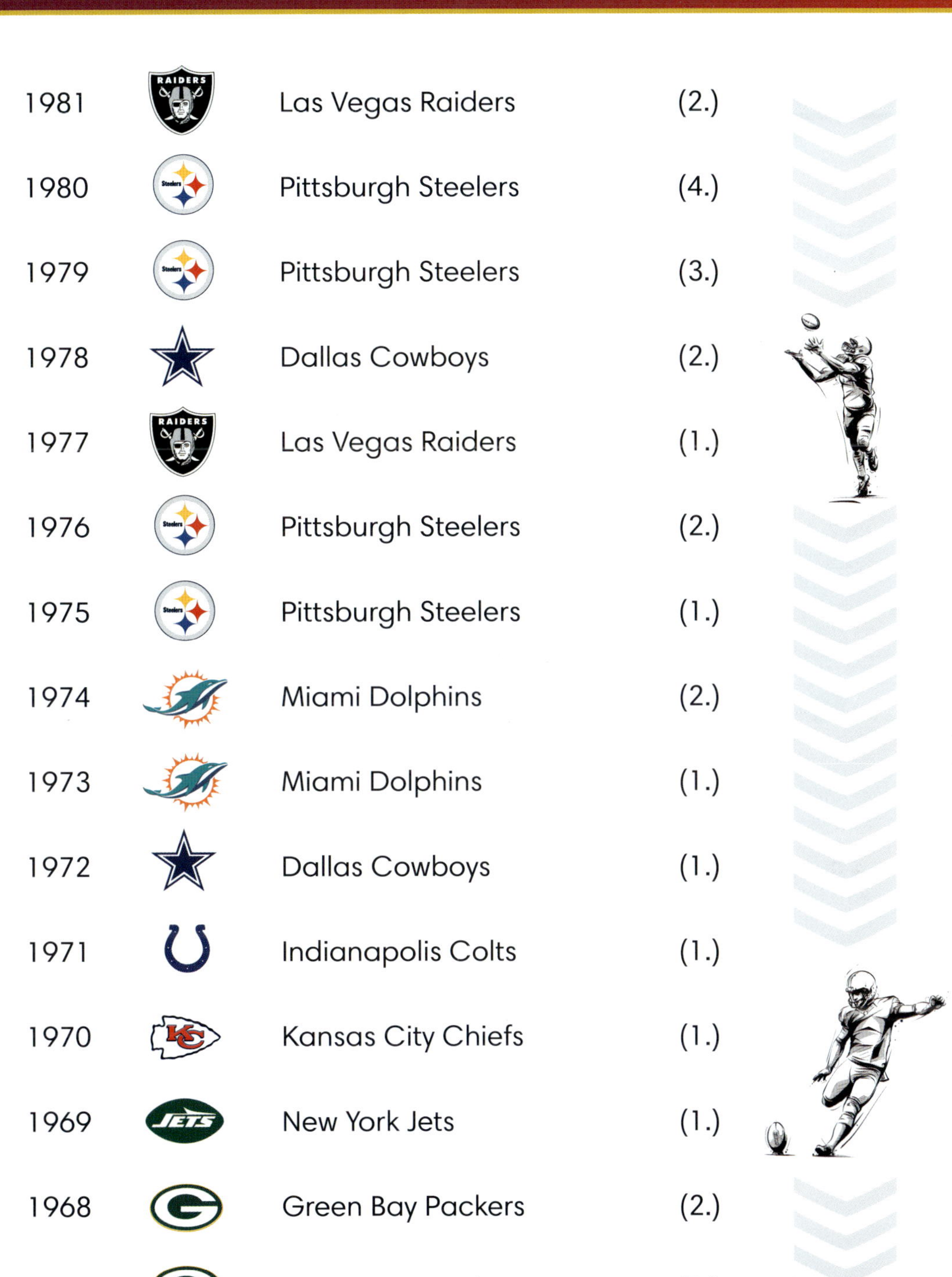

1981	Las Vegas Raiders	(2.)
1980	Pittsburgh Steelers	(4.)
1979	Pittsburgh Steelers	(3.)
1978	Dallas Cowboys	(2.)
1977	Las Vegas Raiders	(1.)
1976	Pittsburgh Steelers	(2.)
1975	Pittsburgh Steelers	(1.)
1974	Miami Dolphins	(2.)
1973	Miami Dolphins	(1.)
1972	Dallas Cowboys	(1.)
1971	Indianapolis Colts	(1.)
1970	Kansas City Chiefs	(1.)
1969	New York Jets	(1.)
1968	Green Bay Packers	(2.)
1967	Green Bay Packers	(1.)

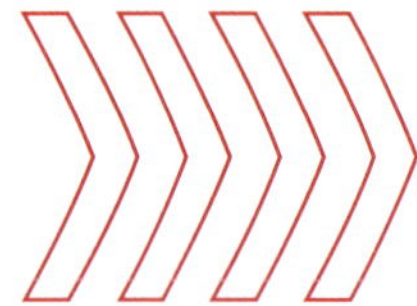

MIX
Papier | Fördert gute Waldnutzung
FSC® C002795

Wir produzieren nachhaltig

- Klimaneutrales Produkt
- Papiere aus nachhaltigen und kontrollierten Quellen
- Hergestellt in Europa

Text: Constanze Steindamm
Gestaltung und Satz: awendrich grafix, Haseldorf

www.carlsen.de/nelson

Bilder AdobeStock: © Anna Stakhiv, © AStakhiv, © Aylin, © bertys30, © Brocreative, © Daniela Pugachev, © Flamingo Images, © Gorodenkoff, © Igor Link, © James Nesterwitz, © Joe, © KB3, © masisyan, © master1305, © Mike Orlov, © Monster_Design, © olegganko, © PixelHD, © quicklinestudio, © razihusin, © Semper Fidelis, © Stockgiu, © Vladimir Mucibabic, © YY apartment, © 103tnn, © .shock

Die Angaben entsprechen dem Stand von August 2024.
Englische Wendungen oder Zitate aus dem American Football, die im Deutschen eine andere Bedeutung bekommen oder ihren Sinn verloren hätten, wurden bewusst im Englischen belassen.